Konrad Paul Liessmann

Gedankenspiele über die

Verantwortung

Literaturverlag Droschl

Vorspiel

Damit keine Missverständnisse entstehen: Für all das, was auf den nächsten Seiten zu lesen ist, übernimmt der Autor keine Verantwortung. Immerhin handelt es sich um Gedankenspiele, und man könnte sich durchaus einmal fragen, ob Menschen in einem strengen Sinn für die Gedanken, die sie denken, überhaupt verantwortlich gemacht werden können? Gedanken sind nur selten Resultat einer gezielten und bewussten geistigen Anstrengung, oft tauchen sie aus einem unergründlichen Nichts auf, pirschen sich an, stellen sich ein, bleiben unscharf, mäandern assoziativ herum, schweifen ab, verlieren sich im Ungefähren, müssten präzisiert und verbalisiert werden, doch bevor es dazu kommt, sind sie wieder verschwunden. Nein, für solche Gedanken übernehmen wir keine Verantwortung, denn es denkt eher in uns als dass wir souverän über unsere Gedanken verfügen.

Noch weniger Verantwortung übernehmen wir für das Spiel mit Gedanken. In der Sphäre des

Spiels – dies ein zentraler Gedanke von Johan Huizinga – haben die Gesetze und Gebräuche des gewöhnlichen Lebens keine Geltung. Wir spielen, um uns vom Ernst des Lebens zu entlasten. Einmal gefunden, können wir einen Gedanken drehen und wenden, auch sein Gegenteil probieren, versuchsweise Schlussfolgerungen ziehen, dazu passende Begriffe finden, schärfen und wieder verwerfen, uns dabei von fremden Ideen, für die wir ohnehin nichts können, inspirieren lassen. Im Spiel, so liest man es bei Friedrich Schiller, liegt die ureigene Möglichkeit des Menschseins begründet. Und dies deshalb, weil nur im Spiel die Freiheit, die eigentliche Bestimmung des Menschen, ohne Einschränkungen ihren Ausdruck findet. Wer in Gedanken etwas durchspielen will, möchte unterschiedliche Möglichkeiten und Szenarien ausprobieren, ohne diese an der Wirklichkeit überprüfen zu müssen. Gedankenspiele sind keine Modelle, die den Anspruch haben, gegenwärtige oder zukünftige Wirklichkeiten zu erfassen.

Für die Gedanken im Spiel trägt der Mensch so wenig Verantwortung wie der Schauspieler des Othello für die Charakterzüge dieser Figur. Doch halt: Wehren sich nicht immer mehr Mimen, diese unsägliche Rolle noch zu übernehmen, eben aus dem Gefühl einer Verantwortung gegenüber allen Menschen, die sich durch diese Figur irritiert oder beleidigt fühlen? Das ist es: Sie wollen nicht mehr spielen, wollen nicht mehr diese Lust eines Was-wäre-wenn auskosten, nicht mehr so tun, als ob, nicht mehr in andere Personen schlüpfen, sie wollen die Regeln des Spiels nicht nützen, um auf der Bühne alles zu sein, was man im schäbigen Leben nicht sein kann oder sein darf. Mit den Gedanken ist es ähnlich. Wer mit ihnen spielt, darf sich mehr erlauben, ohne dafür gleich dingfest gemacht zu werden, er darf verschiedene Zugänge austesten, ohne sich gleich entscheiden zu müssen, er darf spielerisch über Verantwortung so denken, wie es in ernsten Zusammenhängen aus guten und auch schlechten Gründen meist nicht möglich ist. Böten Gedankenspiele diese Freiheit nicht, erübrigte es sich, sie zu spielen.

Verantwortung also. Warum dieses Wort unbedingt gleich in seiner schweren, moralischen Bedeutung verstehen? Man spürt die Last und Bürde, die damit verbunden ist, kaum nimmt jemand dieses Wort in den Mund. Es ginge doch auch anders. Treiben wir ein kleines, frivoles

Spiel mit einem nur scheinbar harmlosen Präfix. Die Vorsilbe »ver-« signalisiert in der deutschen Sprache zwar nicht immer, aber doch ziemlich oft ein Misslingen, eine Abweichung, eine Negation. Man kann ver-sagen, man kann sich etwas ver-geben, man kann sich in einer Sache ver-tun und man kann jemanden nicht achten, sondern eben ver-achten, ein Sänger kann sich ver-singen, ein Schauspieler ver-sprechen, und vieles kann man wieder ver-lernen. Lesen wir unsere Verantwortung einmal mit diesem Akzent. Wir können auf eine Frage antworten, und wir können etwas ver-antworten. Dann ist etwas danebengegangen, dann ist die Antwort unzulänglich, dann haben wir eine Chance ver-spielt, dann haben wir etwas in der gleichen Weise ver-antwortet wie sich ein Tourist in einer unbekannten Stadt ver-laufen hat. Sich zu ver-antworten, hieße dann, keine oder eine unbefriedigende, eine holprige, gar die falsche Antwort zu geben. Schlagartig wird klar, warum die große Geste, mit der die Übernahme oder Einforderung von Verantwortung einhergeht, nur die dahinter liegende Unzulänglichkeit übertünchen soll. Die Verantwortungslosigkeit lauert im Begriff der Verantwortung selbst.

Fragespiele

Wie man es dreht und wendet: Im Begriff der *Verantwortung* steckt die Antwort. Und jede Antwort impliziert eine Frage. Und jede Frage setzt jemanden voraus, der sie stellt. Selten beachtet und doch so zentral: Über Ausmaß, Zurechnung und Akzeptanz von Verantwortungen aller Art entscheiden nicht die so genannten Verantwortungsträger, sondern diejenigen, die Fragen stellen. Wo keine Frage gestellt werden kann oder gestellt werden darf, gibt es keine Verantwortung. Verantwortung setzt einen Fragesteller und einen Befragten voraus. Menschen, die großmäulig Verantwortung übernehmen, ohne gefragt worden zu sein, sollte man deshalb mit Vorsicht begegnen. Umgekehrt gilt: Man soll sich hüten, von jemandem Verantwortung einzufordern, den man entweder nicht fragen kann oder sich nicht zu fragen getraut.

Selten machen wir uns bewusst, wie viel Druck von einem Menschen ausgeht, der jemand anderen so befragen kann, dass eine Verweigerung der Antwort schon einem Schuldeingeständnis gleicht. Natürlich können Fragen Ausdruck einer empathischen Neugier sein; die Grenze zum Verhör aber ist fließend. Sich verantworten bedeutet in einem ganz ursprünglichen Sinn, auf eine gestellte Frage zu antworten. Wie befriedigend diese Antwort ausfällt, ob sie womöglich ganz ausbleibt oder sich als Phrase entpuppt, entscheidet über die Glaubwürdigkeit jeder Form von Verantwortlichkeit.

Wonach aber fragt, wer einen Menschen zur Verantwortung ziehen will? Welche Frageformen indizieren sofort, dass es nun um Verantwortlichkeiten geht? Die klassischen Formulierungen lauten: Sind Sie sich der Folgen und Konsequenzen Ihres Handelns bewusst? Sind Sie bereit, dafür die materiellen, emotionalen und juristischen Kosten zu übernehmen? Warum haben Sie etwas getan, ohne die Folgen und Konsequenzen ausreichend zu bedenken? Verantwortung existiert nur im Perfekt oder im Futurum. Wer tut, was er tut, tut, was er tut. Erst nachträglich zeigen sich die Effekte dieses Tuns, die fragend zur Disposition gestellt werden können. Verantwortung bedeutet so nicht nur, in einer Lage zu sein, in der man sich für das, was man getan hat, rechtfertigen muss, Verantwortung bedeutet, in der Gegenwart für Vergangenes einzustehen. Selbstverständlich ist das nicht. Es gab immer wieder Vorschläge – man denke an Goethes *Faust* oder an Sören Kierkegaards Ästhetik der Existenz –, das Glück an den Pflock des Augenblicks zu binden und weder zurück noch nach vorne zu schauen.

Aber wir Unglücklichen blicken nicht nur zurück, wir starren auch gebannt nach vorne. Verantwortung in Hinblick auf die Zukunft zu übernehmen, bedeutet, mögliche Effekte seines Handelns zu antizipieren und diejenigen im Auge zu behalten, die einen später dafür belangen könnten. Wer dies nicht tut, muss nicht bewusst verantwortungslos handeln. Es genügen Leichtsinn, Kurzsichtigkeit oder ein moralisches Überlegenheitsgefühl, um mögliche Folgen zu ignorieren. Paradox: Gerade der Wunsch, in einem rigiden Sinne das moralisch Richtige zu tun, koste es, was es wolle, kann verantwortungslos sein. Aus dem Willen zum Guten kann Schreckliches entstehen. Max Weber hat deshalb idealtypisch einer reinen Gesinnungsethik die Verantwortungsethik, die versucht, die praktischen Auswirkungen von Handlungen zu antizipieren, gegenübergestellt. Der Satz: »Ich weiß, dass die Folgen meines Handelns furchtbar waren, aber ich habe ein reines Gewissen«, gilt für einen Verantwortungsethiker nicht. Für einen Gesinnungsethiker immer. Wer sich auf sein Gewissen und seine aufrechte Gesinnung beruft, möchte eigentlich nur, dass keine weiteren Fragen gestellt werden.

Doch wir wollen auch die Verantwortungsethik nicht allzu hoch bewerten, denn es fehlt ihr an innerer Haltung und Überzeugung. Der Schritt vom Verantwortungsethiker zum Opportunisten ist klein. Verantwortungsvoll handeln bedeutet nichts anderes als auf Machtverhältnisse Rücksicht zu nehmen: Gibt es jemanden, der mich zur Rede stellen könnte? Welche Personen oder Instanzen werden die Macht haben, mich zur Rechenschaft zu ziehen? Der Verantwortungsethiker ist anderen gegenüber rücksichtsvoll aus Kalkül. Das ist immer noch besser als gesinnungstreue Rücksichtslosigkeit. Offen allerdings bleibt, was es im konkreten Fall bedeutet, für sein Handeln Verantwortung zu übernehmen. Darüber herrscht alles andere als Einigkeit. Schon der schlichte Gedanke, dass verantwortlich sein bedeutet, die Konsequenzen des eigenen Handelns für seinen eigenen Leib zu übernehmen, stößt bei vielen Zeitgenossen auf Unverständnis. Nur weil jemand seine Essgewohnheiten nicht ändern will, ist er doch nicht für die daraus resultierenden gesundheitlichen Schäden verantwortlich – oder doch?

Aus all dem wird auch klar, dass die Frage nach Motiven und Gründen des Handelns keine Verantwortungen konstituieren oder von diesen befreien kann. Das wird gerne verwechselt. Wer glaubt, von seiner Verantwortung entbunden zu sein, weil er für seine Handlungen mit schädlichen Folgen plausible Motive angeben kann, irrt. Nicht jede traumatische Erfahrung, unglückliche Lebensgeschichte oder psychische Notlage befreit uns von Verantwortlichkeiten. Die Bedingungen und Ursachen unseres Handelns entscheiden nicht darüber, wie wir dazu befragt werden können.

Prinzipiell sind Menschen dann verantwortlich, wenn wir sie als Urheber von folgenreichen Handlungen auffassen. Jedoch konstituiert nicht jede Urheberschaft eine Verantwortlichkeit. Wir kennen zahlreiche Fälle, in denen wir wohl sehen, dass Menschen etwas tun, es uns aber nicht in den Sinn käme, diese für die Folgen ihrer Taten zur Verantwortung zu ziehen – etwa bei Unmündigen, Unzurechnungsfähigen und Beeinträchtigten, bei Handlungen, die einem Zufall entspringen, bei Notlagen oder bei Unglücksfällen. Die Debatte, ob Unfälle mit tödlichem Ausgang im Straßenverkehr als tragischer Zufall gewertet oder ob unter bestimmten Umständen ein alkoholisierter oder rücksichtsloser Lenker als Mörder behandelt werden soll, zeigt, auf welch schmalem Grat wir uns hier bewegen. Gewöhnlich gehen wir davon aus, dass Verantwortlichkeit nur dort gegeben ist, wo jemand bewusst und gezielt eine Handlung setzt, über deren Konsequenzen er sich im Klaren ist; zumindest erwarten wir, dass er die Folgen seines Handelns abschätzen und realistische Handlungsalternativen erwägen konnte. Man sieht sofort: Spontane und impulsive Aktionen entziehen sich gerne diesem Konzept der Verantwortlichkeit, das Handeln im Affekt erfreut sich deshalb großer Beliebtheit bei all jenen, die für ihre Taten nicht weiter belangt werden wollen.

Im allgemeinen Verständnis ist Freiheit, also die Fähigkeit, selbstbestimmt zu agieren, eine grundlegende Voraussetzung für die Zurechnung von Verantwortung. Menschen, die sich im Zustand der Unfreiheit und Unmündigkeit befinden, können keine oder nur eine abgestufte Form der Verantwortung übernehmen. Das ist der Grund dafür, warum jemand, der sich einer Verantwortung entledigen will, alles daransetzen wird, für den Zeitpunkt seiner Handlung oder generell seine Unfreiheit zu behaupten. In der Regel bedeutet dies, die Verantwortung an andere Instanzen zu delegieren – an den Trieb, der übermächtig war, an das Rauschmittel, das eingenommen wurde, an den Befehl, der vom Vorgesetzten gegeben wurde, an den Sachzwang, der keine Alternative zuließ, an die traumatischen Erfahrungen der frühen Kindheit, an die Gesellschaft, die ihn in diese Zwangslage gebracht hat, oder gleich an unser Gehirn, das ganz allein, ohne uns zu fragen, schon entschieden hat. Wie plausibel, verständlich und nachvollziehbar wir solche Behauptungen im konkreten Fall finden mögen: Wir müssen uns klar darüber sein, dass wir in dem Moment, in dem wir solche Erklärungen akzeptieren, dem Akteur ein hohes Maß an Unfreiheit unterstellen. Er hört auf, für uns ein gleichberechtigter Gesprächs- und Handlungspartner zu sein. Wir können uns einem solchen Menschen gegenüber nur noch fürsorglich, paternalistisch, therapeutisch, protektionistisch oder ignorant verhalten.

Aber stimmt das alles eigentlich? Versuchen wir es einmal anders, riskieren wir ein Gedankenspiel: Im Jahre 1947 hielt Viktor Frankl in Innsbruck einen Vortrag, der unter dem Titel *Zeit und Verantwortung* im selben Jahr als kleines Büchlein publiziert wurde. Darin finden sich einige bemerkenswerte Überlegungen, die bis heute Relevanz beanspruchen können, und dies vor allem deshalb, weil Frankl den Begriff der Verantwortung radikal ernst nahm und nicht einmal den Kranken und Leidenden von dieser Verantwortung dispensieren wollte. Voraussetzung aller Verantwortung ist auch für den Begründer der Logotherapie die Freiheit des Menschen. Nur wer frei ist, kann verantwortlich sein. Frei ist der Mensch nach Frankl einerseits vom »Sosein«, und er ist andererseits frei zum »Dasein«. Frei vom Sosein: Das bedeutet, dass wir von dem, was uns im Leben mitgegeben ist, tendenziell, wenn auch in unterschiedlichen Graden, frei sind: von den Genen, von der Umwelt, von den Umständen, vom Milieu, in dem wir aufwuchsen, vom Sein, wie es eben ist. Frei zum Dasein: Das bedeutet, sich immer in der einen oder anderen Form entwerfen können, die Ziele und Formen seines Lebens selbst bestimmen können und gerade deshalb dafür Rede und Antwort zu stehen.

Könnte man das Verhältnis von Freiheit und Verantwortung deshalb nicht auch ganz anders denken? Nicht in dem modischen Sinn, dass es, weil Willensfreiheit nicht nachgewiesen werden kann, keine Verantwortungen mehr gibt, sondern im umgekehrten Sinn: Egal, durch welche Umstände, Herkünfte, Notlagen, psychischen Dispositionen oder Affekte jemand zu einer Tat schritt – er kann immer dafür verantwortlich gemacht werden. Einfach, weil er es getan hat. Ob er anders hätte handeln können, er also – wenn auch in Grenzen – frei war für eine Entscheidung in die eine oder andere Richtung, spielte dann keine Rolle mehr. Es gälte der Satz: Du hast es getan, also hast du es gewollt. Und wer die Macht hat, dich dafür zur Rechenschaft zu ziehen, hat das Recht, dies zu tun. Der antiken Kultur war diese Konzeption übrigens ziemlich geläufig. Die Heroen der griechischen Mythen, die Helden der *Ilias* und der *Odyssee* werden ständig von fremden Mächten – Göttern, Leidenschaften, Dämonen – gesteuert; für das, was sie dann angerichtet haben, mussten sie jedoch selbst einstehen. In Ödipus würden wir heute nicht mehr eine tragische Figur, sondern ein Opfer sehen, das keinerlei Verantwortung trägt. Einst dachte man anders darüber.

Machtspiele

Gesetzt den Fall, es gibt so etwas wie Verantwortung. Was bedeutete dies? Verantwortung kann man haben, Verantwortung kann man zuweisen, Verantwortung kann man ablehnen. Daraus wird klar: Verantwortung ist weder eine Charaktereigenschaft noch eine subjektive Willenserklärung. Auch wenn wir ihn gerne hätten: Den von Natur aus verantwortungsvollen Menschen gibt es nicht. Verantwortung ist Ausdruck eines komplexen, triadischen sozialen Verhältnisses: Jemand ist vor anderen für das, was er getan hat, verantwortlich. Oder: Jemand ist in Hinblick auf eine Angelegenheit für andere verantwortlich. Unter welchen Bedingungen wir Verantwortung für unser eigenes Handeln tragen und vor wem wir dieses verantworten müssen, ist die eine Frage. Die andere Frage ist die nach den Bedingungen, unter denen wir Verantwortung für das Handeln anderer Menschen übernehmen wollen oder übernehmen müssen. Die in der Politik und im sozialen Leben angesprochenen Verantwortungsträger sind ja nicht in einem ausgezeichneten Sinn für ihre Handlungen verantwortlich, sondern sie sind durch diese Handlungen für das Leben und die Lebensmöglichkeiten anderer Menschen verantwortlich. Was kann das bedeuten? Die Übernahme von Verantwortung hat eine spezifische Voraussetzung: Verfügungsgewalt. Nur wo ein Machtverhältnis existiert, kann jemand Verantwortung für andere übernehmen, weil Macht bedeutet, Dinge zu tun, von denen Menschen in einem gravierenden Sinn betroffen sind. Wer nicht die Macht hat, jemanden in seinen Handlungen zu beeinflussen, kann für diesen auch keine Verantwortung übernehmen. Ohnmacht und Verantwortlichkeit schließen einander aus.

Von dem spätantiken Stoiker Epiktet stammt der Satz: »Das eine steht in unserer Macht, das andere nicht.« Nur dort, wo etwas in unserer Macht steht, ergibt die Rede von Verantwortung einen Sinn, nur dort, wo andere Menschen unserer Macht unterworfen sind, erwächst aus dieser Macht Verantwortung. Macht kann in unterschiedlicher Weise strukturiert sein. Es kann eine Macht sein, die aus einem nahezu naturwüchsigen Gefälle zwischen Menschen erwächst: Die Macht der Eltern über ihre Kinder und die daraus abzuleitende Verantwortung waren lange das dafür paradigmatische Beispiel. Der korrekte Name dafür ist Paternalismus, und dieses Prinzip schwingt überall mit, wo erwachsene Menschen wie Kinder behandelt werden. Es kann eine Macht sein, die aus der Differenz situationsspezifischer Sachkompetenz erwächst: Die Kompetenz des Piloten gibt ihm Macht über seine Passagiere und damit die Verantwortung für diese. Es kann eine Macht sein, die Resultat eines Abkommens, eines Vertrages ist: Jemand kann Handlungsmöglichkeiten an einen anderen abgeben, sich damit in dessen Macht begeben, dafür übernimmt dieser die Verantwortung, zum Beispiel für das Leben und die Sicherheit des anderen. Nicht nur das mittelalterliche Lehens- und Vasallenprinzip folgte dieser Logik, auch der moderne Staat wurzelt in einem Verzicht der Bürger auf Macht zugunsten einer gewählten Regierung, die mit der Macht die Verantwortung übernimmt. Das Gewaltmonopol des modernen Staates etwa gehorcht diesem Prinzip: Wer es dem Bürger nicht erlaubt, mit der eigenen Waffe für seine Sicherheit zu sorgen, trägt für dessen Schutz die Verantwortung. Und schließlich kann die Macht über Menschen gegen deren Willen errungen werden – aber selbst ein Aggressor übernimmt mit der Macht die Verantwortung für diejenigen, die er sich unterworfen hat. Wenn nicht die Unterdrückten selbst, so hoffen wir doch, dass zumindest die Geschichte irgendwann einmal die Verantwortung dafür einklagen wird. Die Kolonialismuskritik unserer Tage gehorcht ebenso diesem Prinzip wie alle Versuche, auch lange zurückliegendes Unrecht durch Kompensationen, Reparationszahlungen oder Rückgaben von geraubtem Kulturgut zu begleichen.

Besonders gerne wird Verantwortung für die Taten der Vorfahren übernommen, für das, was vor allem die westliche Zivilisation anderen Menschen, Gesellschaften und Kulturen an Leid zugefügt hat. Diese Untaten stehen außer Streit. Da aber die Akteure selbst nicht mehr zur Verantwortung gezogen werden können, ergeben sich unzählige Möglichkeiten der Ausdehnung von Verantwortlichkeiten. Wie weit reicht historische Verantwortung eigentlich zurück? 50 Jahre? 100 Jahre? 1000 Jahre? Für welche Umweltschäden müssen welche Nachfahren aufkommen? Nur die biologischen Abkömmlinge? Die zivilisatorischen Profiteure? Die Globalisierungseliten? Wer ist darüber hinaus für die ideologischen und moralischen Irrtümer der Vorfahren in der Gegenwart hochnotpeinlich zu befragen? Nur die Angehörigen westlicher Kulturen? Tragen die anderen Gesellschaften gar keine Verantwortung für ihre Taten und Untaten? Voraussetzung für diese moralische, und das heißt meistens monetäre Form der Übernahme von Verantwortung gegenüber der Vergangenheit ist eine reale Verschiebung der Machtverhältnisse, die es nun erlaubt, Fragen zu stellen, die nicht mehr ignoriert oder zurückgewiesen werden können. Eine prinzipielle ethische Verpflichtung gegenüber der Vergangenheit, die zur Übernahme von Verantwortung zwingt, gibt es jedoch nicht: Eine solche setzte ein souverän handelndes kollektives Subjekt voraus, das sich über die Generationen und Zeiten durchhält: Das wäre entweder ein blanker Bio-Nationalismus oder eine eher plumpe metaphysische Spekulation.

Schwieriger ist es schon, in der unmittelbaren Gegenwart festzulegen, was es bedeutete, politische Verantwortung zu übernehmen. Welche Konsequenzen müssen politische Akteure ziehen, wenn Fehlentscheidungen zu nachteiligen Auswirkungen auf die Bevölkerung geführt haben? Genügt es, sich dem nächsten Wahltermin zu stellen? Wann ist ein Rücktritt geboten und Ausdruck besonderen Verantwortungsbewusstseins? Müsste für manche politische Entscheidung eine Haftung mit dem Privatvermögen angedacht werden? Und gilt nicht oft der Gedanke des Philosophen Günther Anders, dass sich die Zurechnung von Verantwortlichkeiten umgekehrt proportional zur Größe der Effekte unseres Tuns verhält? Wer sich mit einer Flasche Wein bestechen und erwischen lässt, landet vor Gericht; wer Millionen empfängt und raffiniert auf Offshore-Konten verschiebt, wird bewundert. Und wie eine Großmacht zur Verantwortung ziehen, die durch ein militärisches Abenteuer einen Atomkrieg und damit die Zerstörung der Biosphäre riskiert?

Der moderne Mensch, vor allem der aufgeklärte und selbstkritische Europäer, scheint von sich aus gerne Verantwortung zu übernehmen. Anders gesagt, er fühlt sich für vieles, eigentlich für fast alles verantwortlich. Ob es sich um das Weltklima oder die globale Armut, um die Sprachprobleme von Migranten oder die Zustände im Iran handelt, ob es um die Bildung der Mädchen oder die Gewaltbereitschaft junger Männer, um die Vielfalt der Arten oder den Leibesumfang von Pubertierenden geht – die Verantwortung liegt bei ihm. Für alles nimmt er die Schuld auf sich – jedoch nicht als Person, sondern als Teilhaber einer Kultur, die sich angeblich schuldig gemacht hat und von der er sich, indem er deren Schuld benennt, selbstredend wieder distanziert. Gerade darin besteht die raffinierte Kunst im Spiel um die Verantwortung: Diese zu übernehmen, indem man sie einem anderen zuweist, der dafür einstehen soll. Wer, besorgt um das Wohl aller Menschen, dem Schulsystem, den Medien, der Gesellschaft, der Politik, dem Kapitalismus oder dem Westen die Verantwortung für alles Mögliche zuschreibt, hat sich selbst von dieser Verantwortung auch schon wieder dispensiert. Gleichzeitig sind diese Instanzen, denen nun die Verantwortung zugedacht wird, so abstrakt, dass offenbleiben muss, wer hier noch befragt werden kann. Wenn das »System« die Verantwortung trägt, wer ist dann dafür haftbar zu machen? Alle und keiner! Der Zeitgenosse ist mitunter ein höchst talentierter Verantwortungskünstler und Schuldverschiebungsstratege. Die Moral fungiert dabei wie so oft als Deckmantel und Schmiermittel für das Durchsetzen von Interessen.

Kinderspiele

Offenbar sehen wir uns folgendem Verantwortungsparadoxon ausgesetzt: Verantwortlich handeln können nur Einzelne. Aber Einzelne sind nicht für alles, was geschieht, verantwortlich. Es gibt auch die Zuständigkeiten von Organisationen, Kollektiven, Institutionen, Gesellschaften, die einer eigenen Dynamik gehorchen. Wo verläuft die Grenze zwischen dem, was in den Verantwortungsbereich des Einzelnen fällt, und dem, was an letztlich undurchschaubare Institutionen delegiert werden muss? Und was bedeutet es, wenn die Grenze immer mehr vom Einzelnen weg und in Richtung der Institutionen verlagert wird? Was zeigt sich in der vermeintlich humanen Geste, die den Menschen signalisiert, dass sie Opfer von Umständen sind und deshalb für ihr Tun gar nicht verantwortlich gemacht werden können?

Aktuell machte sich jeder einer falschen politischen Ansicht verdächtig, der auf die Idee käme, aggressive Jugendliche, schlecht integrierte

Muslime oder drogenabhängige Junkies für ihre Lage selbst verantwortlich zu machen. Die Verantwortung liegt immer woanders, nie bei den Akteuren. Gibt es Probleme mit Zuwanderern, fehlt es an einer Willkommenskultur; ziehen junge Dschihadisten aus London oder Wien in den Irak, um Ungläubige zu köpfen, gab es für sie unzureichende Angebote zur Integration; randalieren Jugendliche am Bahnhof, hatten sie eine schwere Kindheit; verliert jemand sein Vermögen bei dubiosen Spekulationen, wurde er schlecht beraten; scheitert ein Schüler im Gymnasium, war das Schulsystem veraltet; studieren zu wenig Frauen technische Physik, hat die Gesellschaft versagt. Was gilt eigentlich der Wille des Einzelnen in solch einer Welt verschobener Verantwortlichkeit?

Dort aber, wo mit großer Geste freiwillig Verantwortung für andere übernommen wird, sollten wir mehr als vorsichtig sein. Eine legitime delegierte Verantwortlichkeit bedeutet, andere an meiner Stelle handeln zu lassen, weil ich es nicht selbst tun kann oder will. Wer ein Auto lenkt, ist für sein Verhalten im Straßenverkehr verantwortlich; wer als Fahrgast einen Bus besteigt, ist von dieser Verantwortung entbunden.

Soweit ist alles klar. Spannend wird es, wenn für das, was jemand tut, ein anderer oder gleich ein ganzes System verantwortlich gemacht werden. Jugendliche mit Migrationshintergrund greifen Polizeikräfte an. Es ist ihre freiwillige Tat. Verantwortlich aber soll eine ungenügende Integrationspolitik sein. Hier wird schlicht Ursachenforschung mit Verantwortungszuschreibung verwechselt. Es mag sein, dass politische Mängel eine der Ursachen für kriminelles Verhalten darstellen können; die Verantwortung für ihre Handlungen liegt dennoch bei den Tätern: Niemand hat sie zu diesen Attacken gezwungen. Zumindest wäre es ein interessantes Gedankenspiel, in solchen, auch medial prominent thematisierten Fällen, auf unbedingte individuelle Verantwortlichkeit zu beharren.

Die Sache mit der Verantwortung und Selbstverantwortung ist vertrackt. Nur wer der Auffassung ist, dass jemand prinzipiell nicht für sich selbst verantwortlich ist, kann ihn von dieser Verantwortung entlasten und diese auf andere Instanzen abwälzen. Das mag bei Unmündigen bis zu einem gewissen Grad notwendig sein – unter Erwachsenen bedeutet dies, ihre Unmündigkeit ohne Not fortzuschreiben. Was Menschen wollen, ist dann nicht mehr Resultat ihrer Überlegungen, Wünsche und Entscheidungen, sondern wird ihnen von außen suggeriert und vorgegeben. Was sie essen und trinken, welche politisch korrekten Sprechweisen sie pflegen sollen, wie sie auf ihre Gesundheit achten, in welche Schulen sie ihre Kinder schicken, wie sie ihr Studium organisieren, welche umweltverträglichen Produkte sie zu fairen Preisen kaufen müssten, welche Therapien und Beratungen sie aufzusuchen haben, wenn sie nicht mehr weiterkönnen – irgendeine wohlmeinende Instanz weiß, was richtig ist. *Nudging* ist das Zauberwort: Kein Zwang, aber ein Stupser in die richtige Richtung. Für alles, was der moderne Mensch tut, braucht er entweder Gesetze oder Vorgaben oder Warnungen oder Berater oder Vermittler. Und er schätzt es, wenn ein anderer für ihn schon entschieden und damit die Verantwortung übernommen hat: der Staat, die Gesellschaft, das Milieu, der Markt, die Internet-Community. Die Schuld, und das ist das Schöne daran, liegt stets woanders.

Die Bevormundung des Menschen durch Instanzen, die suggerieren, nur sein Bestes zu wollen, indem sie ihm die Fähigkeit absprechen, selbst Entscheidungen zu treffen und für deren Folgen einzustehen, infantilisieren den Menschen; sie beschneiden seine Freiheit; sie nehmen ihm seine Würde. Er bleibt Objekt von fürsorgenden, vorsorgenden, kontrollierenden und therapierenden Verfahren, selbst dann, wenn man dabei ständig von Selbstverantwortung spricht. Verantwortung setzt Freiheit voraus. Und Freiheit impliziert immer ein Risiko. Zur Selbstverantwortung gehört die Möglichkeit zu einem Handeln, das andere verantwortungslos finden können. Nur sollte man die Kraft und den Mut haben, dafür einzustehen.

Wer für sich keine Verantwortung übernehmen kann und diese einem anderen überlässt, begibt sich in ein Abhängigkeitsverhältnis. Positiv gewendet erscheint dies als Schutz. Andere haben dann dafür zu sorgen, dass mir nichts zustößt. Das ist in vielen Bereichen, in denen wir mit Gegebenheiten konfrontiert sind, die nicht wir selbst geschaffen haben oder die unseren Handlungsspielraum übersteigen, verständlich. Aber es ist doch erstaunlich, dass gerade die jungen akademischen Eliten »sichere Räume« fordern, in denen sie vor jeder intellektuellen Zumutung und vor allem, was ihr Selbst- und Weltbild irritieren könnte, geschützt, zumindest gewarnt werden wollen. Die Obsorge, die man aus guten Gründen Kindern angedeihen lässt, wird zu einem zivilisatorischen Standard, den zunehmend auch Erwachsene für sich beanspruchen. Man kann dies durchaus nachvollziehen, auch wenn es seltsam anmuten mag, dass Studenten der Theaterwissenschaft nicht mehr Sophokles oder Shakespeare lesen wollen, weil sie deren Tragödien verletzen könnten. Zumindest die Psychoanalyse wusste, dass das infantile Stadium unser Modell von Glück darstellt. Sigmund Freud ging noch davon aus, dass sich das kindliche Lustprinzip einmal der Realität und damit der Verantwortung stellen muss. Wir bleiben heute lieber klein und lehnen die Verantwortung für uns dankend ab. Wir halten es weniger mit Freud als vielmehr mit Jesus: Wir wollen werden wie die Kinder.

Selbstverantwortung kann noch eine weitere Bedeutung annehmen. Es kann sich auch um eine Verantwortung handeln, die ich für mein Denken und Handeln nicht vor anderen, sondern vor mir selbst übernehme. Der Mensch ist das Wesen, das sich selbst befragen kann. Wie sehr genügen wir eigentlich unseren eigenen Vorstellungen und Ansprüchen in unserem Handeln?

Gibt es gar, wie Immanuel Kant es formulierte, Pflichten sich selbst gegenüber, zum Beispiel in Hinblick auf körperliche und seelische Gesundheit und in Fragen der Selbstachtung, für die ich allein zuständig und damit verantwortlich bin? Oder ist es gerade hier verlockend, andere für etwas verantwortlich zu machen, das ich vor mir selbst nicht verantworten möchte? Am erbitterten Kampf um den eigenen Körper lässt sich dieses Spannungsfeld illustrieren: Während sich die einen im Sinne radikaler Selbstverantwortung schmerzhaften Optimierungsprogrammen unterwerfen, empfinden andere schon die Empfehlung, sich ein wenig zu pflegen, als Akt der Diskriminierung und des Body-Shaming. Wie man es dreht und wendet: Selbstverantwortung, ernst genommen, ist eine Form der Selbstbegegnung. Es gibt allerdings ziemlich viele und vor allem gute Gründe, dieser Begegnung aus dem Weg zu gehen. Sich wie ein Kind zu fühlen und behandeln zu lassen, ist dafür eine ziemlich gute Methode.

Zukunftsspiele

Wer keine Macht hat, kann niemanden zur Verantwortung ziehen. Wer keine Macht hat, kann weder Verantwortung übernehmen noch an andere delegieren. Was bedeutet dies für Handlungen, deren Folgen sich bis in eine höchst ungewisse Zukunft erstrecken können? Inwiefern sind wir – wer ist wir? – für eine intakte Natur und für eine lebenswerte Erde verantwortlich? Können wir schon jetzt für Effekte unseres Tuns, die noch in weiter Ferne zu liegen scheinen zur Verantwortung gezogen werden? Anders gefragt: Wer trägt die Verantwortung für jene Entwicklungen, die sich zumindest begrifflich innerhalb weniger Jahre vom Klimawandel über die Klimakrise zur Klimakatastrophe gesteigert haben? Der einzelne Autofahrer? Die Industrie? Die Arbeitnehmer oder nur das Management? Die Verkehrspolitik der europäischen Staaten? Eine mobilitätsbesessene Gesellschaft? Die aufstrebenden, bevölkerungsreichen Schwellenländer? Der Kapitalismus? Die Frage nach der Urheberschaft und der damit zusammenhängenden

Verantwortung ist gerade im Bereich der Ökologie gleichbedeutend mit der Frage: Wer wird darunter leiden? Wer wird für die Folgekosten aufkommen? Wem werden wir etwas schulden, weil es unsere Schuld war? Und wer übernimmt die Verantwortung für jene technologischen Weichenstellungen, deren Auswirkungen erst in Jahren oder Jahrzehnten umfassend zu spüren sein werden?

Als der Philosoph Hans Jonas im Jahre 1979 unter dem Titel *Das Prinzip Verantwortung* seine »Ethik für die technologische Zivilisation« vorlegte, glaubten viele, dass damit jenes Prinzip gefunden sei, das den Fortbestand der menschlichen Gattung auf unserem Planeten sichern könnte. Denn der aus diesem Prinzip Verantwortung abgeleitete Imperativ lautete bei Hans Jonas: »Handle so, dass die Wirkungen deiner Handlungen verträglich sind mit der Permanenz echten menschlichen Lebens auf Erden.« Hans Jonas hatte mit dieser Anleitung versucht, die Zukunft selbst, die Natur und die ungeborenen Generationen zum Gegenstand unseres Verantwortungsbereiches zu machen. Auch wenn es manche vielleicht nicht gerne hören: Keiner dieser Kandidaten hat die Macht, uns zur Verantwortung zu zwingen – weder die Zukunft noch die ungeborenen Generationen noch die Natur haben die Möglichkeit, uns zu befragen.

Oft wird in diesem Zusammenhang vom Recht der zukünftigen Generationen auf eine unversehrte Umwelt gesprochen. Abgesehen davon, dass dieses postulierte Recht schon bei den lebenden Generationen mit anderen Rechten, etwa dem Recht auf günstigen Strom oder dem Recht auf materielle Grundversorgung in Widerspruch geraten kann, ist es schwer, noch nicht Geborenen Rechte zuzuschreiben. Das uneingeschränkte Recht auf Leben gestehen wir nicht einmal dem Embryo zu; die Generationen, die uns vielleicht einmal folgen werden, existieren noch nicht, sie sind reine Fiktion. Wir imaginieren, und dies zurecht, Menschen, die mit den drastischen Folgen des Klimawandels werden kämpfen müssen. Das kann unser Verantwortungsgefühl intensivieren und unsere Motivlage verändern. Aber Fiktionen haben keine Rechte. Diese können nur formuliert und eingeklagt werden von jetzt lebenden Menschen, die sich zu Fürsprechern, zu Stellvertretern von noch nicht existierenden Wesen machen. Als heuristisches politisches Prinzip mag dies akzeptiert werden, eine prinzipielle Verantwortung gegenüber zukünftigen Generationen ergibt sich daraus nicht.

Das Prinzip Verantwortung kann nur als eine aus Einsicht und Sorge selbstauferlegte Pflicht verstanden werden oder es kann uns von Menschen aufgenötigt werden, die plausibel und mit Macht als Stellvertreter der Zukunft, der Natur, der Tiere und der ungeborenen Generationen auftreten und in deren Namen sprechen können. Woher wissen diese Anwälte der Zukunft, was die zukünftigen Generationen wirklich wollen? So ist es doch verblüffend, dass viele enthusiastische Vertreter der Energiewende die kommenden Generationen vor den negativen Auswirkungen des anthropogenen CO_2-Ausstoßes bewahren wollen, aber wie selbstverständlich davon ausgehen, dass diese sich gerne die nächsten dreißigtausend Jahre mit den radioaktiven Rückständen unserer Kernkraftwerke herumschlagen werden. Es ist keine auferlegte, sondern eine angemaßte Verantwortung mit dem Anspruch, als Anwalt der Zukunft zu sprechen, verbunden, die wie jede Anmaßung ihre zweifelhaften Seiten hat. Und der Verdacht, dass die Zukunft nur vorgeschoben wird, um gegenwärtige politische Interessen zu verfolgen, ist nicht ganz von der Hand zu weisen. Zumindest hat die Berufung auf die Zukunft – man denke an tausendjährige Reiche oder kommunistische Utopien – schon zu einigen Menschheitskatastrophen geführt.

Die Formulierung des Imperativs der Verantwortung durch Hans Jonas macht uns noch auf ein anderes Problem aufmerksam: Der Philosoph sprach von der »Permanenz echten menschlichen Lebens« als Leitfaden unseres verantwortungsbewussten Handelns. Was aber ist echtes menschliches Leben? Die Formen und Verhältnisse, in denen Menschen zumindest bislang gelebt haben, lassen keinen eindeutigen Schluss zu, dass es einen weltweiten Konsens darüber geben könnte, was diese Echtheit auszeichnen soll. Die dramatischen Entwicklungen auf dem Gebiet der Medizin und Biotechnologie – denen Hans Jonas' Reflexionen galten – sorgen überdies dafür, dass uns diese Frage in immer neuen Varianten gestellt wird. Sind Föten schon echtes menschliches Leben? Werden genetisch veränderte oder technisch optimierte Menschen noch echtes menschliches Leben sein? Oder gehört der unbändige Forschungsdrang, mit dem Ziel, die technische Kontrolle über Geburt und Tod und über die genetische, physische und psychische Ausstattung des Menschen zu erlangen, nicht erst recht zur Echtheit menschlichen Lebens? Und wie sind vom Menschen geschaffene technoide Lebensformen, etwa personalisierte künstliche Intelligenzen, zu bewerten? Die Risiken, die wir zurzeit mit diesen Innovationen und ihren industriellen Anwendungen eingehen, sind beträchtlich. Ob und vor wem wir dies je zu verantworten haben werden, ist offen.

Aber was ist mit der Verantwortung der Wissenschaft, die doch wesentlich diese Prozesse und Möglichkeiten erforscht und den Grundstein für technologische Innovationen legt? Muss nicht die Wissenschaft als Institution die Verantwortung für die Zukunft, für das Klima, für die Vorbereitung der richtigen geopolitischen Entscheidungen auf Basis unbezweifelbarer Erkenntnisse übernehmen? Möglich, dass auch hier der Verantwortungsbegriff überstrapaziert wird. Die zentrale Verantwortung der Wissenschaft gründet in ihrer besonderen Freiheit. Sie ist vorrangig und in erster Linie ihren eigenen Methoden und Wahrheitsansprüchen verpflichtet. Wissenschaft ist keine Gesinnung, keine Ideologie, keine moralische Haltung, sondern ein rational überprüfbares Verfahren zur Gewinnung von

Einsichten in die Struktur der Wirklichkeiten, in denen wir leben. Ihre Verantwortung der Natur und der Gesellschaft gegenüber ergibt sich aus diesem Ansatz.

Verantwortungslos handelte eine Wissenschaft, die sich ganz in den Dienst wirtschaftlicher oder politischer Kräfte stellte und dabei ihren eigenen Prinzipien untreu würde, Forschungsergebnisse manipulierte oder aus moralisch-politischen Bedenken zurückhielte. Umgekehrt gilt aber auch im Sinne einer Verantwortungsethik: Wissenschaft hat sehr wohl die möglichen anwendungsorientierten Konsequenzen ihrer Forschungen mitzubedenken und im Dialog mit der Gesellschaft zu reflektieren. Das betrifft nicht nur die Technikfolgenabschätzung auf unterschiedlichsten Ebenen – von der Künstlichen Intelligenz bis zur Gentechnik –, sondern auch die möglichen Implikationen sozial- oder kulturwissenschaftlicher Theoriebildung. Bei all dem aber ist festzuhalten: Wissenschaft darf sich nie gegen Kritik immunisieren. Wissenschaft lebt von der kontroversen Auseinandersetzung, vom Ringen um das bessere Argument. Wissenschaft ist kein Austausch von Meinungen, die man beliebig vertreten oder verwerfen kann, sondern unterliegt der Begründungspflicht. In dieser aber muss sie absolut frei sein. Wissenschaft formuliert keine Dogmen, die mithilfe der Politik durchgesetzt werden sollten. Wissenschaft ist auch keine Wohlfühlveranstaltung. Es ist ein Zeichen des Verfalls, wenn auf universitärem Boden Fachvorträge und Lehrveranstaltungen nicht mehr stattfinden dürfen, weil sich Menschen dabei unwohl fühlen.

Wissenschaft soll nie *ad hominem*, sondern stets sachlich argumentieren. Aber wir dürfen nicht vergessen, dass die großen wissenschaftlichen Erkenntnisse, die unsere moderne Welt erst möglich gemacht haben, für viele Menschen bis heute eine ungeheure Kränkung darstellen: dass die Erde nicht der Mittelpunkt des Universums, dass der Mensch nicht die Krone der Schöpfung, sondern ein evolutionär entwickelter Teil der Natur, und dass unser bewusster Wille nicht so souverän und frei ist, wie wir es uns manchmal vorstellen. Wissenschaft kann Gefühle empfindlich verletzen, Weltsichten ins Wanken bringen, vermeintlich sichere Gewissheiten außer Kraft setzen. Die Verantwortung der Wissenschaft beweist sich im Mut, Menschen auch mit unangenehmen Wahrheiten zu konfrontieren. Sie beweist sich im Eingeständnis, dass alle wissenschaftliche Erkenntnis vorläufig und Wissenschaft ein offenes und unabschließbares Unternehmen ist. Wo mit Berufung auf »die Wissenschaft« politische Ideologien und die dazugehörigen Praktiken gestützt werden und manche Wissenschaftler dies nicht nur goutieren, sondern selbst betreiben, hat sich die Wissenschaft ihrer eigenen Verantwortlichkeit enthoben. Sie hat sich im Wortsinn ver-antwortet.

Nachspiel

Im aktuellen Diskurs um Verantwortlichkeiten findet eine seltsame Umkehrung der Verhältnisse statt: Zunehmend werden Menschen, die etwas tatsächlich tun, dafür nicht mehr verantwortlich gemacht, weil sie Opfer unglücklicher Umstände waren; gleichzeitig werden in steigendem Maß Verantwortlichkeiten für Dinge eingefordert, die man nicht selbst getan hat, sondern die den nationalen oder ideologischen Vorfahren und den technologischen Sünden der Vergangenheit zugeschrieben werden; und schließlich übernehmen Menschen Verantwortung für Handlungen und Ereignisse, die weit außerhalb ihres Wirkungshorizonts liegen, zum Beispiel in der Zukunft. Dieses Spiel von gleichzeitiger Entlastung und Überlastung spiegelt selbst die Fragen der politischen Macht wider. Die Rede von der Verantwortung mutierte von einem hehren ethischen Prinzip zu einem Instrument des politischen Drucks, ja der Erpressung. Unter solchen Bedingungen ist es womöglich klug, sich jeder historischen, kollektiven und futuristischen

Verantwortung zu entziehen. Es genügt, für das einzustehen, was man selbst tut. Und wenn Dritte nicht betroffen sind, muss man alles mit sich selbst ausmachen.

Gedankenspiele kennen kein Ergebnis. Anders als beim Schachspiel ist das Ende immer offen. Man kann höchstens ein vorläufiges Fazit ziehen. Dieses lautet: Wer die Macht scheut, soll von Verantwortung nicht sprechen. Wer will, dass wir für das, was wir tun, auch verantwortlich gemacht werden können, muss die Macht haben, uns zu zwingen, Rede und Antwort zu stehen. Und umgekehrt gilt: Wenn wir wollen, dass jemand für das, was er tut, verantwortlich ist, müssen wir ihn zwingen können, uns Rede und Antwort zu stehen. Dort, wo wir den Anspruch haben, freie Wesen zu sein, sollen wir die Verantwortung für unser Tun nicht bei anderen suchen. Dort, wo es gilt, für andere Verantwortung zu übernehmen, sollte dies nicht aus reiner Machtgier geschehen; dort, wo man Verantwortung an andere delegiert und sich davon selbst freispielen möchte, sollten gute Gründe und nicht nur Bequemlichkeit, Faulheit und Feigheit dafür sprechen; vor allem sollte man darauf achten, dass man sich beim Übernehmen von Verantwortung nicht übernimmt. Auch deshalb weist der Autor für den vorliegenden Text jede Verantwortung von sich. Er hat nur festgehalten, was ihm so durch den Kopf gegangen ist. Möglich, dass er sich dabei auch einige Male ver-schrieben hat. Aber er hat keine Lust, sich dem zu stellen und sich dabei womöglich auch noch zu ver-antworten. Für das, was diese Gedankenspiele beim Leser auslösen, ist ausschließlich dieser selbst verantwortlich.

Inhalt

Konrad Paul Liessmann, geboren 1953 in Villach, ist Professor im Ruhestand für Methoden der Vermittlung von Philosophie und Ethik an der Universität Wien. Seit 1997 leitet er das Philosophicum Lech und publiziert regelmäßig in nationalen und internationalen Medien. Liessmann ist u. a. Träger des Österreichischen Staatspreises für Kulturpublizistik, des Ehrenpreises des Österreichischen Buchhandels für Toleranz im Denken und Handeln. 2016 wurde ihm der Paul-Watzlawick-Ehrenring verliehen. Bei Droschl erschien 2020 sein Band zur Kunst des Schreibens *Das alles sind bösartige Übertreibungen und Unterstellungen.*

Umschlag: & Co www.und-co.at
Satz: AD
Druck: Florjančič

ISBN 978-3-99059-133-8

Literaturverlag Droschl Stenggstraße 33 A-8043 Graz
www.droschl.com